Jackie Niebisch

Masern - Charlie

3 Bildgeschichten

Rowohlt

rororo rotfuchs
herausgegeben von
Renate Boldt und Gisela Krahl

Originalausgabe
Veröffentlicht im Rowohlt Taschenbuch Verlag GmbH,
Reinbek bei Hamburg, Dezember 1989
Copyright (c) 1989 by Rowohlt Taschenbuch Verlag GmbH,
Reinbek bei Hamburg
Umschlagillustration Jackie Niebisch
rotfuchs-comic Jan P. Schniebel
Alle Rechte vorbehalten
Gesamtherstellung Clausen & Bosse, Leck
Printed in Germany
880 - ISBN 3 499 20550 5

Eines Morgens wacht Charlie auf und ist ganz müde.

Er fühlt sich schlapp und matt.
So, als ob er Fieber hätte.

Als er sich im Spiegel sieht,
bekommt er einen Riesenschreck!

«Wie sehe ich denn aus? Irgend jemand muß mich heute nacht angemalt haben ...»

Er wäscht sich das Gesicht mit Seife,
aber die vielen Pünktchen gehen nicht weg.

Auch nicht beim Abtrocknen.

«Niemand hat dich angemalt, Charlie»,
sagt seine Mutter. «Du hast die Masern!»

Der Doktor kommt.
«Aaaaah. Sind Masern schlimm?»
«Ach was», sagt der Doktor. «Die kriegt jedes Kind.
In zwei Wochen bist du wieder gesund.»

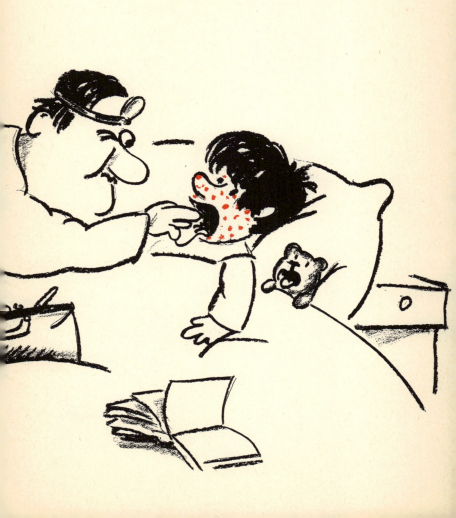

Charlie darf nicht zur Schule, denn Masern
sind sehr ansteckend. Er muß im Bett bleiben.
Nur der Bär leistet ihm Gesellschaft.
«Hallo, Feuerwehr, bitte kommen ...
einmal Masern löschen!»

Am Nachmittag kommen Charlies Freunde zu Besuch.
Charlies Mutter fragt zuerst:
«Habt ihr alle schon Masern gehabt?»
«Na klar», rufen sie ...

... und marschieren in Charlies Zimmer.

Charlie hat Angst, daß ihn alle auslachen,
wegen der Pünktchen.
«Ich sehe doch aus wie ein Streuselkuchen.»

Er versteckt sich unter seiner Bettdecke,
damit ihn niemand sehen kann.

Da haben Charlies Freunde eine Idee.
«Wir brauchen dringend einen roten Lippenstift!»
«Und ein großes Laken!»

«Hallo, Charlie!» ruft plötzlich ein vierköpfiges Gespenst, «rate mal, wer hier ist.»

Und als Charlie seine rot getupften Freunde erkennt,
muß er lachen, und alle lachen mit ihm.

Der Spatz

Charlie langweilt sich.
Er hat schon dreimal seine Masern gezählt,
und jedesmal waren es nicht mehr und
nicht weniger als 21 Stück!

Da erscheint plötzlich ein Spatz am Fenster.
«Da bist du ja wieder.
Bärchen, guck, der war doch gestern schon da.
Ich erkenne ihn an seiner Frisur.»

Hier, Piepspatzmatz, wie wär's mit einer
knusprigen Salzstange zum Frühstück?»

«So ein blöder Typ, fliegt einfach weg!»
«Du bist kein Spatz!» schimpft er,
«eher ein Angsthase!»

«Aber Charlie», sagt Niki am Nachmittag,
«das mußt du doch verstehen.
Stell dir mal vor, du wärst so ein kleiner Spatz!
Dann würdest du auch nicht
jedem aus der Hand fressen ...»

Charlie macht seine Augen ganz fest zu
und stellt sich vor, er wär ...

... ein Spatz.

«Huch ... Ich glaube, ich versinke im Bett!»

«Wieso seid ihr so riesig?»
«Keine Angst, Charlie», sagt Niki
und nimmt Charlie auf ihre Hand.

«Hilfe, laß mich runter!» piepst er,
und sein Spatzenherz klopft
Bumm... Bumm... Bumm...

Vor lauter Aufregung schlägt er mit den Flügeln
um sich und flattert wild durchs Zimmer.
Dann im Sturzflug ...

... in die Schulmappe.

«Ich hole dich da wieder raus!» ruft der Bär.
«Keine Angst. Ich komme!»

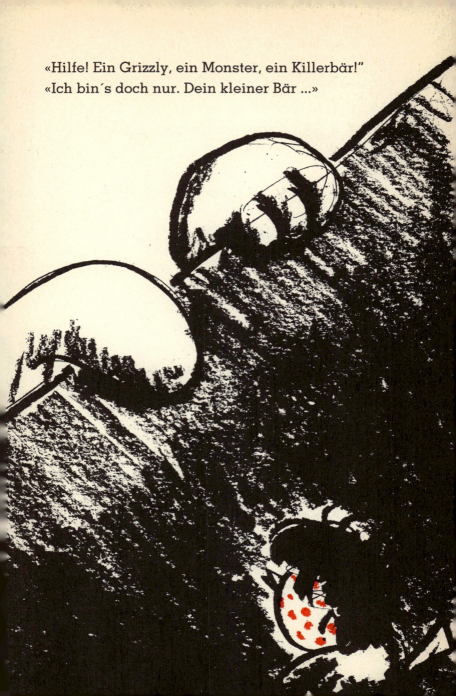

Aber Charlie ist immer noch ganz durcheinander.
Er flattert aufgeregt davon,
ab durch die Tür ins Wohnzimmer.

Dort dreht er einen doppelten Looping an der Decke,
kurvt um die Hängelampe herum ...

... Achtung! Kaffee voraus!
Platsch! Rein in die Tasse.
Mitten in Omas magenfreundlichen Kaffee!

Ziemlich heiß, was?

Jetzt aber nichts wie raus an die frische Luft!

Zu den Wolken, wo die Freiheit grenzenlos ...

Autsch! .... so eine Scheibe!

Mann, das dröhnt!
Charlie hat sich den Schnabel verstaucht.
Er versucht zu zwitschern,
aber es kommt nur   ffft ... ffft ...

Charlies Mutter hat das Klirren
und Scheppern auch gehört.
«Was ist denn hier für ein Lärm?»
«Alles in Ordnung», sagt Niki,
«bei Charlie piept's nur!

Das große Rennen

«Hallo, hier Charlies Bär ...
ob Masern-Charlie zuhause ist? ...
Na, klar ... aber er ist wieder gesund ...
was wollt ihr machen?... eine Wettfahrt?...
Ist ja toll ... Moment, da kommt er schon ...»

«Hier, für dich! Niki, Rudi und Heiner
haben was mit dir vor.»
«Hallo! Hier Charlie! ...
Au ja, ein Seifenkistenrennen! Ist gebongt! Komm, Bär,
wir gehen gleich in den Keller und bauen.»
«Okay, und ich halte den Hammer!»

Bohrer, Schraube, Seifenkiste,

Farbe drauf und auf die Piste!

«Und ich? Wo ist mein Flitzer?
Du bist vielleicht ein Freund!»

Na also!
Wie findet ihr meinen Renner?
Zwei Räder, obenliegende Nockenwelle, zwölf Zylinder,
von Null auf Hundert in zehn Sekunden,
geringer Luftwiderstand, Anhänger-Kupplung und
echte Bären-Fliegermütze.»

«Achtung! Es geht gleich los.
Immer die Straße runter und
den weißen Mittelstreifen folgen,
dann durch die Kurve,
und wer als erster im Ziel ist,
hat gewonnen ...

Auf die Plätze ...

... fertig, los ! Huiii ...»

«Wir liegen in Führung ... schneller ... schneller, gib Gas, volle Pulle!»

«Charlie ... hörst du mich?» ...

«Achtung!!!!! Die K u r v e !!!»

Krabumm, Krabimbamborium!
Seifenkistensalatnochmal!

«HILFE!»

« Ich glaub, ich bin im Kornfeld.»

«He, Bär! Du hast gewonnen!
Du warst als erster im Ziel!»
«Ich, Masern-Charlies Bär?
Ich, der erste Holzformel-eins-Sieger?»

«Herzlichen Glückwunsch!
Die Seifenkisten-Rennleitung gratuliert Ihnen
zu Ihrem Sieg, Herr Bär.
Sie haben als ersten Preis eine Sektdusche gewonnen
und brauchen eine Woche lang
Ihre Spielsachen nicht aufzuräumen ...»

Jackie Niebisch wurde 1957 in Straßburg
geboren. Seit einigen Jahren zeichnet und
erzählt er Geschichten.
Veröffentlichungen bei Rowohlt/Wunderlich:
«Zwei Ameisen reisen nach Australien»;
«Die kleinen Wilden und das Mammut»;
«Der kleene Punker aus Berlin"
(rororo 5525; 5932; 5966);
«Tierisch vampierisch» (rororo 2547) u.a.